Dennis Henry Kluge

Ich Brauche Nicht, Weil Ich Bin

Bibliografische Information der Deutschen Nationalbibliothek:
Die Deutsche Nationalbibliothek verzeichnet diese Publikation in der Deutschen Nationalbibliografie; detaillierte bibliografische Daten sind im Internet über http://dnb.dnb.de abrufbar.

© 2013 Dennis Henry Kluge
http://www.denniskluge.de.vu

Herstellung und Verlag: BoD – Books on Demand, Norderstedt

ISBN: 978-3-8482-1364-1

Inhalt

Vorwort

Darf ich Dich auf ein Gedankenexperiment einladen?

Darf ich Dich mit auf eine Reise nehmen, die möglicherweise deine Sichtweise auf dein Leben verändern wird?

Bist Du bereit?

Stell´ Dir also vor, Du bist ein unendliches Wesen, Du hast also keine Begrenzung, wie zum Beispiel einen Körper, Du wurdest nie geboren und Du wirst niemals sterben, Du bist frei und schwingst in vollkommener Liebe zu allem, was ist - denn Du bist nichts als reine Liebe.
Kannst Du das? Tief in Dir drinnen, gibt es einen Teil, der mit dieser Botschaft in

Resonanz gehen will – fühle es, wenn Du bereit dafür bist ...

Du lebst in einem zeitlosen Raum, im immer währenden Jetzt.

Nun bist Du auch ein neugieriges, abenteuerlustiges Wesen, das sich selbst in unterschiedlichen Facetten erfahren will. Aber wie ist das möglich, in einer Umgebung, einer Dimension, in der alles in Harmonie ist?

Also beschließt Du, ein Abenteuer zu erleben.

Falls Du schon einmal auf der Erde warst und Dich ihre verbunden fühlst oder so richtig mutig bist, beschließt Du, auf diesem wundervollen Planeten zu inkarnieren und Deine hoch schwingende Frequenz für einen Moment zu reduzieren, um ein Abenteuer als Mensch zu erleben.

Warum mutig?
Nunja, auf der Erde gelten ganz besondere
Spielregeln. Jeder, der hier inkarniert, sich also
einen Körper als „Spielfigur" aussucht, um
seine ganz speziellen Erfahrungen zu machen,
muss einwilligen, dass er in einen Nebel des
Vergessens gehüllt wird, er vergisst, wer er
wirklich ist, damit das ganze Spiel so richtig
spannend wird.

Du hast Dir nun also ausgesucht, was Du in
diesem Leben erfahren willst und hast Dir die
Eltern gewählt, bei denen Du auf die Welt
kommen möchtest und die optimale
Voraussetzungen für Deine Erfahrungen
bieten.
Wenn Du nicht ganz so abenteuerlustig bist,
hast Du Dir vielleicht spirituelle Eltern
ausgesucht und hast mit Deinem
Seelenpartner ausgemacht, dass ihr einander
schon mit 6 im Montessori Kindergarten treffen
werdet.

Wenn Du aber so richtig abenteuerlustig bist, dann ist Dein Vater vielleicht Alkoholiker und Deine Mutter tablettensüchtig oder du kommst in einem Krisengebiet auf die Welt.

Du beginnst Deine Reise in einem ganz neuen, noch winzig kleinen Körper, der extra für Dich er-zeugt wurde, ein wundervolles, multidimensionales Vehikel, durch das Du noch immer mit allem im Universum in Verbindung stehst. Als Baby wirst mit einem gesunden emotionalen System in diese Welt geboren, Du lebst in der Fülle des Seins und liebst Dich selbst und alles, was du wahrnimmst.
Aber jetzt beginnt das große Abenteuer:

Noch magst Du Dich schemenhaft erinnern, dass Du ein unbegrenztes, göttliches Wesen bist, aber bald schon wirst Du Dich mit Deiner Software, Deinem Verstand identifizieren und

jedem Gedanken, den er hervorbringt, Glauben schenken.
Bald wirst du glauben, getrennt von anderen Wesen zu sein und deinen Körper als Grenze definieren.

Bis zu Deinem 6. Lebensjahr schwingt Dein Gehirn in einer Frequenz von 0,5 bis 8 Hertz, das sind die Frequenzen Delta und Theta. Das heißt, Du kannst noch nicht differenziert denken und bist wie in einer hypnotischen Trance. Also wird alles, was Du von Deinen Eltern hörst, als „Programm" direkt in Deinem Unterbewusstsein abgespeichert. Schnell lernst Du, welche Verhaltensweisen Dir Zuneigung eintragen und welche Ablehnung. Du lernst, ob ein kleines Lächeln ausreicht, um hochgehoben und geküsst zu werden oder ob Du laut schreien und weinen musst, bis man Dir Aufmerksamkeit schenkt. Du lernst schnell, welche Qualitäten von Deiner Umgebung akzeptiert werden und welche nicht. Die

Qualitäten, die nicht akzeptiert werden, wandern dann in das Schattenreich Deines Unterbewussten und werden so zur unentdeckten Software, auf der Deine Spielfigur läuft.

Da das Unterbewusstsein nicht zwischen Vergangenheit und Gegenwart unterscheiden kann, wirst Du wahrscheinlich auch nach 50 Jahren Erdenabenteuer noch immer mit Glaubenssätzen identifiziert sein, die Du als Kind gehört hast.

Hörst Du zum Beispiel mit 5 Jahren: „Du kannst das nicht!", dann wird Dir Dein Unterbewusstsein auch mit 50 Jahren noch immer unbemerkt das Signal schicken „Du kannst das nicht".

Und – ob Du es glaubst oder nicht – diese unterbewussten Programme sind 1 Million mal stärker, als Deine bewussten Gedanken!

Und jetzt kommt die spannendste Spielregel auf diesem göttlichen Spielplatz, das „Gesetz der Anziehung"
Deine Gedanken, die bewussten, aber vor allem auch die unbewussten, gekoppelt mit deinen Emotionen erschaffen Deine Realität. Da auch auf dem Erdenspielplatz alles reine Energie und Bewusstsein ist, ziehst du, wie ein Magier, alles in Dein Leben, was dieser Energiefrequenz entspricht. Wie ein Radio, das eine Information aussendet – und je stärker die Emotion ist, mit der Du diesen Gedanken denkst, desto stärker sendest du dies hinaus in deine Umwelt und ziehst automatisch das an, was Du denkst. Du bist wie ein riesiger Projektor, der all seine bewussten und vor allem unbewussten Glaubenssätze und Bilder hinaus in die Welt schickt.

Aber du willst ja wieder zum einem bewussten, schöpferischen Regisseur deines Lebensfilmes werden – oder? Daher wird es sehr wichtig, dass du deine unterbewussten Gedanken aus dem Schatten ans Licht holst.

Und wie erkennst Du diese alten Sabotageprogramme?

Ganz einfach: Du musst dich nur umschauen – alles, was du um dich wahrnimmst, hast du in dein Leben gezogen. Deine Realität ist immer ein Spiegel deiner Programme. Wenn du also ständig Menschen um Dich hast, die an dir nörgeln oder etwas auszusetzen haben, dann hast du mit Sicherheit einen Glaubenssatz in dir gespeichert, der dir sagt, dass du nicht wertvoll genug bist.

Insofern ist jeder Konflikt in deinem Leben ein riesige Chance, deine Glaubenssätze zu entdecken, dich zu befreien und aus diesem Traum der Begrenzung zu erwachen.

Die Erlösung liegt nun darin, dass du zu einem mutigen Forscher wirst, der diese alten Programme zurück ins Licht Deines Bewusstseins bringt und Du dich erinnerst, wer du wirklich bist.
Du darfst lernen, dir selbst und anderen zu verzeihen und damit löst du die alten Ketten, die dich an die Vergangenheit gebunden haben und kannst ein freies Leben leben.

Nun, du hast Dir den perfekten Moment für Deine Erfahrung ausgesucht, denn es gibt gute Neuigkeiten hier auf der Erde – sozusagen ein Update im Lebensspiel:
Da immer mehr Wesen erwachen und sich ihres göttlichen Ursprungs bewusst werden, ist die Frequenz des kollektiven Bewusstseinsfeldes hier auf dem Planeten ganz stark angestiegen und wird es dir viel

leichter machen, Dich aus dem Gefängnis
deiner Überzeugungen zu befreien.

Und nun – göttliches Wesen, da Du mutig so
tief in das Vergessen eingetaucht bist,
wünsche ich Dir mit Dennis Kluge´s Buch eine
gute Reise in die Er-innerung dessen, was Du
wirklich bist. Viel Freude damit!

Wien, am 10.2.2013

Catharina Roland

Danksagung

Ich möchte zuerst einmal meiner Familie danken, denn ohne Sie und dadurch ohne mich, wäre dieses Buch hier jetzt nicht möglich gewesen. Vielen lieben Dank! Desweiteren möchte Ich allen danken, denen Ich auf meinem Weg begegnet bin, darunter allen die an mich glaubten und mich in meinem Leben positiv unterstützten und auch jene die es nicht taten.

Besonderen dank auch an Michael Jackson(1958-2009), welcher mich in meiner Kindheit und Jugend durch viele seiner wundervollen Songs prägte und damit begleitete. Neale Donald Walsch, welcher mich nach der Jahrelangen Suche durch viele Religionen, auf das stoßen lies, was Ich immer wusste aber nie wahrnahm.

Einen herzlichen Dank auch an Catharina Roland, welche das Vorwort für dieses Buch schrieb.

Es gibt noch so viele, denen Ich gerne Danken würde, doch leider wären das zu viele aus meinem Leben, um sie hier jetzt zu nennen. Ich danke euch allen von Herzen!

Zum Schluss richte Ich meinen besonderen Dank an Gott und an Jesus welche noch bevor Ich es wusste, schon immer für mich da waren und mich unterstützten und mir bei diesem Buch zur Seite standen und mir halfen! Ich liebe euch!

Ich liebe euch alle! Dankeschön!

Aller Anfang....

Ihr habt euch also dieses Buch gekauft.
Mehr noch, Ihr habt es in euer Leben gezogen.
Vielleicht ist dieses kleine Buch, euer erster
Schritt zu eurer Selbstentwicklung oder auch
ein weiterer Schritt, der euch auf eurem Weg
hilft.

Als Ich bewusst begann, mich zu entwickeln,
lag mein Leben quasi in Trümmern. Ich hatte
weder Schulabschluss, noch eine Ausbildung
und einen Job hatte Ich auch nicht.
Ich fühlte mich nicht frei, hatte Stress mit den
Ämtern und vieles mehr und stand viele Male
davor obdachlos zu werden, da Ich keinen Job
bekam. Ständig sagten alle immer nur "Tu dies
und tu das. So ist das richtig und nicht anders"
oder "das Leben ist nunmal hart und hat nichts
mit glücklich sein und Spaß zu tun".

Um ehrlich zu sein, bekam Ich das mein ganzes Leben immer wieder zu hören und Ich nehme an, euch erging es nicht anders.

Uns wurden Werte wie „Das Leben ist hart" und „Das Leben ist ein Kampf" immer und immer wieder eingetrichtert.

Jedoch fühlte es sich „falsch" an.
Ich fühlte im Inneren „Das kann es doch jetzt nicht sein? Das kann doch nicht sein, das wir im Leben ständig ums Überleben kämpfen müssen!".

In mir häuften sich lauter Fragen, rund um das Leben an.
Was es denn alles für einen Sinn hat und warum andere reich sind und werden (manche sogar einfach ganz plötzlich) und andere nur ärmer. Fragen rund um die Themen, warum man überhaupt hier ist. Je mehr Fragen sich in

mir entwickelten, desto mehr bemerkte Ich auch die Sinnlosigkeit, andere Menschen danach zu fragen, da Sie scheinbar auch nicht mehr wussten und einem nur das sagten, was alle andere sagen.

Die Antworten waren immer dieselben, weil jeder nur das nachplapperte, was die anderen sagten, ohne selber drüber nachzudenken. Viele waren mit diesen Antworten selber nicht einverstanden, denn viele resultierten aus Frustration und Hilflosigkeit aus den vielen Lebenserfahrungen der verschiedenen Menschen.

Durch all diese Antworten voller Hilflosigkeit und Frustration fand Ich mich irgendwann im „Teufelskreis" wieder, in dem sich Millionen andere befanden und sich leider heute noch befinden.

Menschen voller Angst vorm Leben selbst
versuchen sich in einer Sicherheit zu
verstecken, aber finden dadurch nie wirklich
inneren Frieden.

Ich begann irgendwann mir einzelne
Religionen anzusehen. "Vielleicht haben die ja
die gesuchten Antworten", dachte Ich mir und
war dabei gewiss nicht wählerisch.
Ich suchte in den östlichen als auch in den
westlichen Religionen bis hin zum Satanismus.
Aber was Ich fand, waren Puzzleteile, keine
eindeutigen Antworten. Die
Religionsangehörigen lebten mehr in Angst als
Ich oder Menschen aus meinem Umfeld: die
Angst vor dem „Zorn" ihrer Götterbilder.
Angst vor der Hölle.
So viel war voller Selbstverleumdung und das
meiste machte zusammen genommen, nicht
einmal Sinn und widersprach sich oftmals.

Ich denke, viele von euch werden genau wissen, was Ich meine.

'Wenn Ihr sündigt, kommt, wirft Gott euch in die Hölle, wo Ihr auf ewig leiden, brennen, weinen und unendliche Schmerzen erfahren werdet. Aber nicht vergessen, Gott liebt euch!'

Ich lebte mein Leben weiterhin, unbewusst, auf der Suche nach Antworten. Das Leben sah aus, als würde alles nur auf Zufall, Glück oder Pech beruhen.

„Die einen sind halt reich und die anderen sind halt arm. So ist es einfach."

Durch eine spätere Beziehung kam Ich dann das erste Mal langsam mit dem in Kontakt, was mich weiterbringen sollte.

Sie hieß J. Sie brachte mich das erste Mal mit dem Gesetz der Anziehung in Berührung und Ich war, wie viele andere wahrscheinlich auch, anfangs recht skeptisch.

Es dauerte auch eine Weile, bis Ich es wirklich verstand, realisierte aber im Rückblick, wie es immer wieder merkbaren Einfluss auf mein Leben nahm, ohne dass Ich dies zu jenem Zeitpunkt in meiner Vergangenheit wahrnahm.

Um hier einige Beispiele zu nennen:
meine PSP
meine PS3,
später mein erstes iPhone
und mein erstes MacBook

Ich könnte noch viele weitere Gegenstände aus der Vergangenheit, an dieser Stelle nennen (wie Ihr sicher merkt, Ich war ganz dem jugendlichen Zeitgeist der Medien verfallen). Jedes dieser Dinge wünschte Ich mir so sehr, dass Ich sie mir ernsthaft aus Pappe bastelte und mir vorstellte Sie wären real. Und das wurden Sie dann auch. Die PSP und die PS3 kamen in Abstand von einem Monat kurze Zeit später, nachdem Ich sie mir bastelte, in mein Leben. Mit meinem iPhone und meinem ersten MacBook, verhielt es sich genauso.

Selbst was meine Gesundheit anging, fand. Ich keine Ausnahme, denn auch dort fand Ich dieses Prinzip wieder. Ich nahm niemals Medikamente, egal wie krank Ich war, egal was Ich hatte. Denn Ich wusste, dass Ich auch so wieder gesund werde, egal was kommen mochte. Ich sagte mir schon als Kind „Ich

werde auch so wieder gesund! Ganz
bestimmt."

(Ich hasste diese ekligen Medikamente und
weigerte mich auch diese zu nehmen)

Und so war es auch immer und so ist es auch
heute noch.

Trotzdem fiel es mir schwer auf der Verstands-
Ebene, dass ganze Anziehungszeug wirklich
zu akzeptieren.
Hatte immer wieder Zweifel.

Obgleich Ich es immer wieder mal testete, mit
kleinen Dingen, und es klappte.
Wir trennten uns später und Ich kam mit L.
zusammen.

Sie war chronisch krank. Und wie Ich nach und
nach bemerkte, war Sie mit all ihrer
Leidenschaft krank.

Die morgendlichen Nachrichten von ihr, waren
Routine und mäßig fast immer gleich.

„Guten Morgen! Wie geht es dir? Mir geht es
wieder einmal beschissen... Ich liebe Dich"

Und mir wurde langsam klar, warum Sie
chronisch krank war. Sie redete es sich
buchstäblich jeden Tag neu in ihr Bewusstsein.
Dazu sei gesagt, es gab mal im Spiegel
glaube Ich, ich kann mich auch irren, einen
Artikel darüber, dass chronische Krankheiten
psychisch bedingt sind.

Ihre ganze Negativität, in Bezug auf sich selbst
und die Krankheit beeinflusste mich jedoch
auch irgendwann so stark, dass Ich mich
schon schlecht fühlte, wenn Ich aufwachte und
wusste, da ist eine Mail von ihr. Ich wusste
jedes Mal schon, was dort drinnen stand.

Nicht sehr hilfreich, vor allem da Ich zu diesem
Zeitpunkt selber noch mit gewissen
Depressionen zu kämpfen hatte.

Wir sahen uns irgendwann kaum noch, was zu
Streit führte, durch den Stress und den
Zweifeln, die dabei kamen. Bis Ich irgendwann
schon anfing zu denken "Bis zum Sommer
sind wir nicht mehr zusammen".

Und genau so geschah es dann auch.

Ich hatte Gedanken wie „Mann gibt es denn
keine Frauen, die halbwegs irgendwie
zumindest mit sich klarkommen?". Und zog
kurz darauf gleich die nächste Frau in mein
Leben. Es wurde aber keine Beziehung draus.
Wahrscheinlich, weil Ich innerlich irgendwo
auch keine wollte und Sie aus meiner Sicht
nicht grade als stabil oder Beziehungsfähig
einzustufen war.

Als Ich mich wieder mit der Anziehung beschäftigte, schaute Ich nach anderen, die sich damit beschäftigten und fand in einer Rezension den Namen *Neale Donald Walsch*.

Und ehe Ich mich versah, hatte Ich die ersten 3 Bücher von ihm in den Händen. Ich las Sie und gleichzeitig fanden noch mehr Schriften dieser Art in mein Leben. Ich sog alles in mich auf.
Ich fühlte tief in mir zum ersten Mal, diese Reinheit, dass das was Ich las, dem entsprach was Ich in mir immer fühlte, aber nicht in Worte fassen vermochte, um es deutlich zu verstehen.

Das Faszinierende dabei war tatsächlich, dass Ich nicht das Gefühl hatte, was Neues zu lernen, sondern hatte mehr das Gefühl, als hätte Ich alles schon gewusst. Schon immer und das fesselte mich sehr.

Da Ich mich damals nun aber auch mit
Verführung beschäftigte und für viele ein
laufender Ratgeber war, empfand Ich all dies
auch dafür als sehr praktisch und hilfreich.

Seitdem ist nun eine lange Zeit vergangen, in
meinem Leben ist sehr viel passiert und Ich
habe viel dazugelernt, bin daran gewachsen,
habe wertvolle Erkenntnisse gemacht und wer
weiß, was noch alles kommen mag.

Doch wie alles im Leben, beginnt alles immer
an folgenden Punkten:

Wer bist du und wer willst du sein?
Und worum geht es wirklich?

Und genau darum geht es in diesem kleinen
Buch!

Das Gesetz der Anziehung

Um dieses Buch besser zu verstehen, werde
Ich in diesem Kapitel das Gesetz der
Anziehung etwas erläutern, für all jene welche
beginnen, sich an ihre eigene Entwicklung
heranzutasten.

Im Grunde besagt das Gesetz der Anziehung:

Gleiches zieht gleiches an!

Da dieses aber sehr allgemein ausgedrückt ist,
werde Ich es euch näher erklären.

Alles im Universum und auf unserer Welt,
besteht aus reiner Energie oder nach der
String Theorie aus Strings welche alle in
Verbindung zueinander stehen.

Sei es Licht, sei es der elektrische Strom, sei es ein Stein, ein Lebewesen oder Wasser.

Wenn Ihr ein Stein betrachtet und berührt, erscheint er euch wie sehr feste Materie, welche sich nicht bewegt. Doch könnt Ihr euch vorstellen, dass ein Stein immer in Bewegung ist?

Nein?

Dann nehmt doch mal ein sehr gutes Mikroskop und seht euch den Stein darunter an. Ihr werdet sehen, dass der Stein in Bewegung ist. Viele Millionen oder Milliarden und mehr Atome, welche auch nochmal aus vielen kleineren Bestandteilen bestehen, befinden sich in ständiger Bewegung.

Ein Stein besteht aus purer Energie, sowie auch Ihr, die Luft, die ihr atmet, das Wasser mit dem Ihr euch wascht, die Erde auf der ihr

geht und steht, sowie alles, was im Universum
sonst noch existiert!
Wissenschaftler haben schon vor längerer Zeit
herausgefunden, dass auch Gedanken und
Gefühle reine Energie sind, sowie auch jede
Materie (sichtbare und unsichtbare) und alles
was wir wahrnehmen, zum Beispiel
Geräusche.

> *Zusammengefasst : Alles besteht aus purer*
> *Energie.*
> *Wir sind alle aus dem selben Stoff. Wir sind*
> *alles praktisch **EINS** und alle miteinander*
> *verbunden, egal WER wir sind, egal WAS wir*
> *sind und egal WO wir sind.*

Dazu wissen wir aus der Physik, dass
Energien sich gegenseitig beeinflussen.

Ununterbrochen.

Wäre dem nicht so, wäre alles statisch und
nichts könnte sich bewegen. Alles wäre
praktisch wie ein starres Bild. Unvorstellbar,
nicht wahr?

Energien sind daher immer in Bewegung,
ziehen in Form von Gedanken und Gefühlen
harmonisierende Energien an und stoßen
andersartige Energien ab. Jedoch immer im
Gleichgewicht und Harmonie, mit allem was
ist.

Unsere Gedanken, Gefühle und Handlungen beeinflussen all diese Energien.

Wir tragen demzufolge die Verantwortung für das, was in unser Leben tritt, da wir es angezogen haben. Und das passiert ständig durch unsere Gedanken und die Gefühle dahinter. Wenn Ihr positiv gestimmt und glücklich seid, positive Gefühle durch euch strömen, beeinflussen Sie euren Körper. Ihr fühlt euch wohler und man sieht es an euren äußerlichen Emotionen. Diese positiven Schwingungen, sendet ihr an eure Umgebung, welche diese aufnimmt, verarbeitet und widerspiegelt. Demzufolge dient das Umfeld als Spiegel zu eurem Inneren. Ebenso, wenn Ihr schlechte Gefühle habt. Auch eure Körperhaltung ist anders, je nach dem, wie Ihr euch fühlt. Wenn Ihr verschiedene Menschen beobachtet, werdet Ihr dieses merken.

> *Euer Körper reagiert auf eure Gefühle.*
> *Euer Körper reagiert auf eure Gedanken.*
> *Eure Gedanken reagieren auf euren Körper.*
> *Eure Gedanken reagieren auf eure Gefühle.*
> *Eure Gefühle reagieren auf euren Körper.*
> *Eure Gefühle reagieren auf eure Gedanken.*

Wenn sich einer dieser Faktoren verändert, verändert sich alles andere dementsprechend auch.

So verhält es sich jedoch nicht nur mit eurem Körper, sondern so verhält es sich mit allem in eurem Leben.

Eure Gedanken und Gefühle ziehen alles an, was Ihr in eurem Leben habt. Sei es Armut oder Reichtum, Gesundheit oder Krankheit, Liebe oder Hass oder auch Materielles und Besitz.

Dabei ist es jedoch gleichgültig, ob ihr das, was Ihr bekommt, auch wirklich wollt.
Ihr bekommt das, worauf Ihr euch konzentriert.

Wenn Ihr euch beispielsweise sagt:

> „Ich will nicht krank werden!"

Oder:

> „Ich will nicht mehr krank sein".

Worauf konzentriert Ihr euch?

Genau auf das Kranksein!

Wenn Ihr euch stattdessen auf Gesundheit
konzentriert:

> „Ich bin gesund!"

> „Ich werde immer wieder gesund!"

Dann werdet Ihr unweigerlich Gesundheit in
eurer Leben ziehen.

An dieser Stelle möchte ich die Wichtigkeit
eurer Gefühle dabei betonen: Wenn Ihr euch
sagt "Ich bin gesund", euch aber
währenddessen schlecht fühlt, also ein
Mangelgedanke dahinter steckt, so werdet Ihr
nur noch mehr von dem Mangel bekommen.

41

Der Gedanke und das Gefühl hinter dem
Gedanken, spielen also eine große Rolle!

Aus dem Gefühl der Einsamkeit, werdet ihr nur
sehr unwahrscheinlich einen Partner in euer
Leben ziehen.
Im Zweifelsfall werdet Ihr jemanden anziehen,
der auch einsam, depressiv und voller
negativer Gefühle ist. Das ist so, weil Ihr
genau das Signal ausstrahlt.
Und Ich denke nicht, dass dieses eure Absicht
ist.

Aus dem Gefühl des Mangels, werdet Ihr zum
Beispiel kein Geld anziehen.

Und aus dem Gefühl des Krankseins, keine
Gesundheit.

Aus Stress und die Konzentration darauf
bekommt ihr nur mehr davon, mehr von dieser
Energie, was euch auf Dauer auch wieder

krank machen wird. Da euer Körper darauf reagiert und euer Immunsystem geschwächt wird.

Denn diese negativen Gefühle werden immer mehr vom Negativen, als vom Positiven anziehen!
Wenn euer Gefühl jedoch positiv ist, voller Freude und voller Glauben an dem, was Ihr euch wünscht und der Glaube so stark ist, dass ihr *wisst,* dass dieses auch so eintreten wird, dann werdet Ihr Geld und Gesundheit oder die Liebe auch anziehen.

Was uns zu folgendem Satz führt:

Fühle dich, als wäre das Erwünschte bereits da!

Damit meine Ich, stelle es dir genau so vor, als hättest du es bereits! Ich tat das unwissentlich damals, indem Ich das Gewünschte einfach bastelte.

Im folgendem möchte Ich euch eine Übung geben, welche ihr jeden Tag so oft machen könnt, wie Ihr wünscht.

Übung

Setzt euch hin und macht es euch richtig
gemütlich!
Vielleicht sogar im Schneidersitz, also die
klassische Meditations-Haltung.
Schaltet alles aus, was euch stören könnte.
Nun schließt eure Augen.

Beginnt ruhig und langsam zu atmen.
Zählt jeden Atemzug im Kopf mit, wenn euch
eure Gedanken entgleiten zählt einfach weiter.
Es ist egal, ob eure Zählung richtig ist oder
nicht. Das Zählen hilft euch innerliche Ruhe zu
bekommen und euren Körper zu entspannen.

Wenn Ihr euch entspannt fühlt, werdet Ihr euch
möglicherweise nach und nach richtig
ekstatisch und wie elektrisiert fühlen. Das ist
gut! Wenn Ihr euch also entspannt und euch in
innerer Ruhe befindet, sagt euch rhythmisch,

anstatt zu zählen, bei jedem Atemzug folgende
Dinge:

Ich bin die Gesundheit!
Ich bin die Liebe!
Ich bin die Freude!
Ich bin das Glück!
Ich bin die Ruhe!
Ich bin der Wohlstand!

Tut das jeden Tag mindestens zwei mal.
Einmal beim aufstehen und einmal vorm
schlafen gehen.

Ihr könnt das auch öfter tun, denn wie ihr
feststellen werdet, werdet Ihr euch sehr gut
dabei fühlen und mit hoher Wahrscheinlichkeit

auch dabei lächeln und tiefe Freude dabei empfinden.

Es wäre gut möglich, dass Ihr anfangs all das noch mal anzieht, was dem entgegengesetzt ist!

Dies muss aber nicht zwangsweise passieren.

Das liegt daran,dass wir in einer relativen Welt existieren.Und das, was ist, kann nicht existieren, ohne das, was es nicht ist.

Denn das, was ist, kann in Abwesenheit von dem, was nicht ist, nicht existieren.

Das bedeutet, wenn Ihr *Ruhe* seid, werdet ihr erstmal Unruhe anziehen.

Zum Beispiel lärmende Kinder oder einen bellenden Hund in der Nachbarschaft. Sollte dieses passieren, lächelt und bedankt euch, seid glücklich! Denn dieses ist eure Chance Ruhe zu demonstrieren, aus eurem inneren heraus, nach draußen.

Nein, Ich spinne nicht, denn es bedeutet, dass Ihr auf dem richtigen Weg seid und dieser Zustand wird nicht von Dauer sein. Bedankt euch dafür und seid glücklich auf eurem Weg zu sein.

Jeder Stein auf eurem Lebensweg, ist ein Stein auf dem Weg, auf dem Ihr geht.

Seht es als Übung an, als Herausforderung,
um euch weiterzuentwickeln.

Damit übt ihr euch im positiven Denken.
Und das ist wichtig, wenn Ihr wirklich euer
Leben grundlegend in ein schöneres und
glücklicheres Leben verwandeln wollt!

Wenn Ihr mal negative Gedanken habt, was
passieren kann, da man nur schwer alle
Gedanken am Tag kontrollieren kann und bei
dem Versuch wahrscheinlich durchdrehen
würde, dann macht euch das bewusst und
versucht es zu verändern. Hört einfach gute
Musik, denkt an eure Kinder oder etwas, was
euch immer wieder glücklich macht.

Denn die negativen Gedanken und Gefühle,
sind euch nicht sehr behilflich auf eurem Weg.
Blickt einmal in eure Vergangenheit und Ihr
werdet sehen, was euch der Pessimismus und
das negativ Denken gebracht hat.

Nun schaut nach vorne und erwartet mit Freude, was euch positives Denken und glückliche Gefühle bringen werden.

Macht die Übung von eben ruhig öfter, so oft Ihr wollt. Vielleicht sogar mit euren Freunden oder eurem Partner.

Ihr könnt diese Worte dabei auch laut aussprechen, um dem noch mehr Energie zu verleihen.

Ihr werdet erstaunt sein, wie gut Ihr euch danach fühlen werdet, vor allem wenn Ihr diese Übung mit jemanden zusammen macht, da Ihr so einen gemeinsamen Kollektiv-Gedanken habt, welcher noch kräftiger wirkt, da mehr von der gleichen Energie auf nahem Raum zusammen wirkt!

Ihr merkt vielleicht schon, dass das Sein ein wichtiger Aspekt ist, denn das ist es auch.

Da es euch, vor allem bei positiven Seins Zuständen besonders beim Anziehen, dessen was Ihr euch wünscht, sehr von Vorteil ist.

Wie auch das Visualisieren ist, welches Ich damals in Form von Basteleien tat. Es hilft dabei, sich vorzustellen,dass das Erwünschte bereits da wäre, dass es das Gewünschte bereits ist. Eine andere Möglichkeit des visualisierens ist das Zeichnen oder Niederschreiben, je nachdem, was einem am besten liegt.

Hierzu kleine Anregungen:

Beim Zeichnen für den Wunsch einer Partnerschaft:

Zeichnet euch mit eurem Wunschpartner zusammen auf einer Wiese liegen während ihr euch auf einer Decke sonnt. Oder in einer romantischen Situation. Hängt euch das Bild dann auf!

Die Schreiber unter euch, können ein kleines Tagebuch anfertigen, in dem Sie ihre Tage mit ihrem neuen Partner verbringen. Hilfreich hierbei ist es, nicht allzu sehr ins Detail zu gehen. Umso leichter wird es für euch den gewünschten Partner anzuziehen, da euer konditionierter Verstand dann nicht so sehr rebellieren wird.

Die Bastler, die sich Ihr neues Handy basteln, um ein Beispiel zu nennen, können sich, wenn

Sie das gemacht haben und Ihr neues „Handy"
neben sich zu liegen haben Realbilder, Videos
vom Gerät oder Werbespots bei Youtube
beispielsweise angucken und sich dabei
vorstellen, Ihre Bastelei wäre echt. Entwickelt
dabei positive Gefühle, kraftvolle
Dankbarkeitsgefühle.
All das wird euch helfen, das Erwünschte
anzuziehen.

Beim Traumhaus ist es hilfreich, sich das Haus
und den Grundriss anzusehen, zu planen, wo
man alles hinstellen wird, sich bereits in
Möbelcentern oder im Internet die Möbel
aussuchen und danach in ruhigen Momenten
vorstellen, wie man morgens dort frühstückt,
wie man durch das Haus geht, in der neuen
Küche kocht oder im neuen Wohnzimmer auf
der Couch liegt.
Macht euch keine Sorgen oder Gedanken
darum, wie das Erwünschte zu euch kommt,
sondern vertraut einfach darauf, dass es

kommt, auf welcher Art auch immer. Vielleicht habt Ihr plötzlich intuitiv das Gefühl, wohin zu gehen oder etwas zu tun. Sollte das so sein, zögert nicht, sondern nutzt diesen Impuls und hört einfach auf euer innerstes positives Gefühl, auch wenn ihr nicht wisst, wohin es euch bringt oder was es euch bringt!
Es kann gut sein das manchmal etwas Geduld gebraucht wird. Menschen haben die Angewohnheit, wenn etwas länger dauert plötzlich zu denken: „Ach das bringt doch nichts, das wird doch nie was", und wisst ihr was dann passiert?

Na denkt mal scharf nach, was die Folge dieser Gedanken sein könnte!

Richtig. Damit knallt ihr der „Auslieferung" dessen, was Ihr euch wünscht, die Tür vor der Nase zu. Vielleicht sogar kurz vor dem Eintreffen.

Wenn Ihr einen sehr festen Glauben und Vertrauen habt, dass das erwünschte auf jeden Fall eintreffen wird, reicht es auch aus, einfach nur zu wünschen, was Ihr wollt und es wird euch zuteil. Den Möglichkeiten sind da keine Grenzen gesetzt. Das einzige was euch von der Erfüllung abhalten kann, sind Zweifel und negative Gefühle diesbezüglich.

Aus meiner Erfahrung klappen beide Methoden bestens, sei es um eine bestimmte Situation herbeizuführen oder etwas Materielles. Auch Beziehungen etc. lassen sich wünschen.

Wichtig hierbei ist es, lasst die Erfüllung eurer Wünsche zu. Das bedeutet, hört auf euren Instinkt, auf euer Innerstes. Manchmal kann es vorkommen, dass ihr plötzlich den Drang habt, rauszugehen, vielleicht auch zu einem bestimmten Ort. Folgt eurem Instinkt und hört auf ihn. Er wird euch oft genau dahin führen, um die Erfüllung eures Wunsches zu ermöglichen, wo ihr sein müsst damit ihr genau zur richtigen Zeit am richtigen Ort seid. Oder es wird euch zeigen, was ihr auf keinen Fall tun solltet. Den Unterschied werdet Ihr merken. Sollen und sollte sind dabei relativ zu sehen, da es sowas nicht gibt. Nur das was Ihr tun könnt, was euch dient um euch zu eurem Ziel oder Wunsch, oft auch eurer körperlicher Sicherheit dient, bringt und euch dabei zu unterstützen.

Die beiden Methoden, das Visualisieren oder das einfache Wünschen, haben beide Ihren Platz. Manchmal ist das eine nützlicher und manchmal das andere. Probiert es aus und sammelt eure Erfahrungen. Und vor allem: Gebt nicht auf!

Gut. Ich hoffe Ihr hattet bis hierhin einen kleinen Einblick in das Gesetz der Anziehung um ein kleines Grundverständnis zu bekommen wie alles im allgemeinen funktioniert. Denn das Gesetz der Anziehung ist ein Universelles Naturgesetz. Ob Ihr daran glaubt oder nicht es ist da. Und ihr nutzt es so oder so. Entweder bewusst oder unbewusst. Wenn Ihr von einem Gebäude springt, fallt ihr schließlich auch. Ob ihr es nun glaubt oder nicht.

Jedem Leben seinem Sinn

Der Sinn des Lebens... hm... klingt schonmal spannend oder?

> *Was ist der Sinn des Lebens?*

Die Frage der Fragen ....

Wollt ihr das wissen?
Also Ich meine, wollt ihr das wirklich, jetzt im ernst, wollt Ihr das wirklich wissen?

Ja?

Ok... Ich verrate es euch...

Es gibt keinen wirklichen Sinn des Lebens!

Was sich jetzt vielleicht erstmal ernüchternd liest, ist unser größtes Geschenk, neben unserem freien Willen.
Denn der Sinn unseres Lebens ist der, unserem Leben selbst einen Sinn zu geben!

Alles was wir in unserem Dasein hier im Materiellen zu tun haben, ist uns zu erinnern *Wer* und *Was* wir sind und uns zu entscheiden wer wir im Bezug dessen sein wollen.

Und dabei haben wir alle Freiheiten, die wir uns nur wünschen könnten.

Ihr seid nicht hier um etwas zu lernen oder eine karmische Schuld abzutragen. Das Leben ist keine Schule, noch eine Herausforderung um uns für etwas höheres zu beweisen, wie es uns die Religionen eintrichtern wollen.

Gott und die Welt - ein kleiner Seitenhieb zum Thema Sünden

Ja Ich weiß, wenn wir böse sind oder zuviel Geld haben oder zu viel Sex haben oder was auch immer, sind wir böse Sünder und gehen ab in die Hölle!

Ich hoffe, Ihr habt den Sarkasmus in diesem Satz verstanden.

Selbstverständlich geht ihr nicht in die Hölle. Da es keine 10 Gebote Gottes in dem Sinne gibt und es auch keine Sünden gibt.

Um damit die einen oder anderen anzusprechen, welche eventuell religiöse Vorstellungen auf ihren Lebensweg bekamen.

Um darauf erstmal zu sprechen zu kommen,
damit auch ihr den maximalen Nutzen aus
diesem kleinen Buch ziehen könnt für euch
folgendes:

Gott erschuf uns nach seinem Ebenbild.
Damit ist jedoch keines Wegs unser
menschlicher Körper gemeint. Sondern unser
Bewusstsein - unseren reinen Geist, frei von
Verstand oder Ego.

Denn Gott hat keinen Körper in diesem Sinne.

Ihr hör schon die ersten aufschreien.

Ok stellt euch doch mal vor wie Gott dann
aussehen müsste.

Wir haben auf der Erde Männer und Frauen.
Es gibt so viele Rassen, von Afroamerikanern,
Asiaten die sich auch immer wieder mal
unterscheiden(Chinesen und Japaner

beispielsweise), die Amerikanischen Ureinwohner (zum Beispiel: Indianer, Mayas und Azteken etc.), West- und Osteuropäische und viele andere mehr.
Ihr wisst worauf Ich hinaus möchte oder?

Nächster Punkt wären die „10 Gebote" welche keine Gebote sind, sondern lediglich Erkennungsmerkmale, welche wir haben, wenn wir sozusagen, unsere innere Perfektion und Einheit mit allem erreicht haben, unser innerstes absolutes Glück und komplett eins mit uns selbst sind.

Es sind keine Gesetze. Gott gab euch/uns einen Freien Willen, damit wir freie Wahl haben, *was* wir erleben wollen und *wer* wir sein möchten.
Mit Gesetzen hätte uns Gott, das Geschenk des freien Willens sofort wieder genommen.

Bedingung/Bedingtheit ist eine Illusion, welche nur existieren kann, wenn man an die Illusion der Trennung glaubt. Das irgendjemand oder irgendetwas jemals von Gott oder von *Allem Das Ist* getrennt sein kann.

Was ist Gott? Gott ist alles was ist, reine Energie. Gott ist das Universum und weit mehr als unserer Verstand erfassen kann.

Daher braucht Gott nichts, erwartet nichts und richtet daher auch über nichts und niemanden. Wir werden für nichts bestraft, landen in keiner Hölle. Denn das was wir als Gut und Böse/ schlecht bezeichnen beruht auf unserem Werte System. Welches unsere Schöpfung ist. Gut und Schlecht sind immer subjektiv.

Jedoch haben die Menschen damals, um andere besser zu kontrollieren, solche Dinge

erfunden und da wir oft sehr kritisch und bestrafend sind, irgendwann angenommen, dass Gott genauso ist.
Ein Rachsüchtiger vergeltender Gott, der gefürchtet werden muss.

Doch wenn Ihr Gott wirklich beschreiben würdet, was wäre eure Antwort?
Gott ist reine Liebe, reine Energie. Ihr seht hoffentlich den Widerspruch in eurem Denken. Daher geht in euch selbst und vergesst was Ihr gelesen oder von anderen Lehrern gehört habt, meinetwegen auch das was Ich zu dem Thema geschrieben habe.

Fragt euch selbst. Euer erster reinster positiver Gedanke, das erste Gefühl wird euch eure Antwort geben. Nicht irgendein Lehrer, irgendein Priester oder irgendein Buch.

Zu diesem Thema wird es vielleicht von mir
später vielleicht noch ein Buch geben.
Obgleich es bereits viele gibt, Ich werde darin
lediglich alles einfach nur noch einmal
zusammen fassen zusammen mit meinen
Erkenntnissen zu diesem Thema.

Gib deinem Leben einen Sinn

Also nun aber zurück zum eigentlichen Thema. Wurde auch Zeit nicht wahr?

Der Sinn unseres Lebens, kann Sich während unseres Lebens und unserer Entwicklung immer wieder ändern, genauso wie wir uns, stetig verändern.

Ja tatsächlich können wir uns sogar NICHT nicht verändern. Das ist schlicht unmöglich. Da durch jede Erfahrung, die wir angezogen haben und erleben, wir uns verändern. Jede Erfahrung prägt uns.

Sie zeigen spiegeln unser derzeitiges *Wer Wir Jetzt Sind* wieder und zeigt uns, ob wir uns im Hinblick dessen, verändern wollen oder nicht.

Entsprechen deine derzeitigen Erfahrungen noch wirklich dem **Wer** *oder* **Was** Du wirklich sein willst?

Eine kleine Aufgabe für dich!

Schau auf dein Leben, wie es jetzt ist. Und stelle dir diese Frage. Da vielen Menschen diese Frage oft etwas schwer fällt. Schaue dir all die negativen Dinge in deinem Leben an. Sind das Dinge die du in deinem Leben möchtest oder nicht? Hierbei kommen mehrere Aspekte zusammen.

Um ein paar aufzuzählen:

Wohnung und Wohnort
Freunde und Bekannte
Beruf und Finanzen
Gesundheit
Deine innere Verfassung

Man könnte diese Liste noch viel weiterführen und das wirst du sicherlich in Gedanken auch tun.

Mach dir nun am besten eine kleine Tabelle mit 2 Spalten.

In die erste Spalte schreibst du alle Positiven Sachen rein, Dinge bei denen du dich gut fühlst und die dich glücklich machen. In die 2 Spalte schreibst du alles negative hinein. Was nicht dem entspricht wie dein Leben deiner Vorstellung und deiner Wünsche auszusehen hat.

Wenn du dieses getan hast, schreibe dir 5-20 deiner wichtigsten Werte in deinem Leben auf. (Wie zum Beispiel: Ehrlichkeit, Treue, Wohlstand etc.)

Schaue dir deine Werte an und streiche alle weg, bei denen du ein negatives Gefühl hast, bei denen du dich nicht wohl fühlst. Du wirst vielleicht merken das diese fremde Werte sind, welche nicht aus dir kommen, sondern aus anderen Quellen.

Erstelle nun eine Liste, in welcher du deine negativen Dinge nimmst und diese in Dinge verwandelst, bei denen du dich gut fühlst.

Nehmen wir an dein Beruf weckt negative Gefühle in dir.

Dann schreibe dir auf, welchen du Jetzt gerne hättest oder wie du es dir wünscht.

Sei dabei frei und kreativ.

Schreibe wirklich nur das auf bei dem du dich wohl fühlst. Was ein lächeln aus dir hervorruft.

Bist du fertig? Nein? Dann mache diese Aufgabe zu Ende bevor du weiterliest. Das ist vielleicht wichtig für dich und deine Entwicklung.

Wenn du dieses getan hast, Glückwunsch!
Du hast nun eine kleine innere Inventur
vorgenommen!
Damit hast du einen großen Schritt zu deinem
neuen Ich getan!
Ich hoffe deine Finger brennen noch nicht.

Also machen wir am besten mit dem nächsten
Schritt weiter.

Nehme dir nun all deine Positiven Dinge die du
eben aufgeschrieben hast vor und schreibe dir
auf ein anderes Blatt, wie dein Leben nach
diesen Punkten und Wünschen aussehen soll!

Du kannst es auch auf deinem Tablet(zum
Beispiel einem iPad) oder an deinem
Computer schreiben, wenn du dieses
möchtest.
Schreibe alles auf und achte darauf das du bei
allem nur positive Gefühle empfindest.

Schließlich möchtest du doch ein glückliches Leben führen oder nicht?

Dacht Ich mir.

Wenn du es auf einem Computer oder ähnlichem Gerät geschrieben hast, drucke dir diese Datei aus und lese Sie, solange Sie gültig ist, am besten jeden Abend vor dem schlafen gehen einmal durch.

Das ist wichtig, denn damit verinnerlichst du dieses.

Viele tun diese Aufgaben, freuen sich und lesen sie nie wieder und wundern sich warum sich nichts ändert.

Das liegt daran, dass alte Werte wie Gewohnheiten in dir sitzen. Daher mache dir deine neuen Werte und Gedanken, zu deinen neuen *inneren* Gewohnheiten. Wenn Sie zu deiner Natur geworden sind, was schnell oder langsam von statten gehen kann, wirst du schnell Veränderungen in deinem Leben wahrnehmen.

Wer willst du sein und warum willst du es sein?

So nach der letzten Übung weißt Du schon
einmal, wie dein Leben nach deinen
Wünschen sein soll.
Das ist ein schöner und großer Schritt nach
vorne.

Um all dem noch mehr positive Energie zu
verleihen, lese es dir noch einmal durch (oder
lese es dir am besten vor) und schreibe dir
auf, warum du diese Dinge möchtest.

Versuche nur positive Sätze zu bilden und
jedes negative Wort sowie jedes „nicht" zu
vermeiden.

Dadurch das du dir voller positiver und
schöner Gefühle deutlich bewusst bist, warum
du dieses schöne große Haus haben

möchtest, warum du eine wundervolle Frau an deiner Seite möchtest oder warum du gerade so in Geld schwimmen möchtest, verleihst du deinen Zielen und Wünschen noch mehr Kraft.

Ein guter Ansatz für ein „Warum" bei „mit einer wundervollen Frau zusammen zu sein", könnte zum Beispiel so lauten:

Ich habe eine wundervolle Frau, die mich von ganzen Herzen liebt! Und Ich zog sie in mein Leben, weil mich die Tatsache das Ich all diese Liebe die Ich in mir trage mit ihr teilen kann, um uns beide noch glücklicher zu machen und das ist der schönste Reichtum den Ich mir nur vorstellen kann.

Wenn Ihr euch ausmalt wie das Leben eurer Träume aussehen mag, könnt Ihr ruhig detailliert vorgehen.

Aber seid mit den Details trotzdem so
sparsam, dass Ihr euch keine Sorgen oder
Gedanken macht, wo Ihr diese Frau treffen
werdet oder wann genau oder wie Sie genau
aussieht. Wenn Ihr zu detailreich werdet,
könntet Ihr in die Situation geraten, dass Ihr
euch den Kopf darüber zerbrecht, ob das
wirklich so sein könnte, ob das denn realistisch
ist, oder ob es so jemanden überhaupt gibt.
Wenn Ihr beginnt euch um das *Wie* und das
Wann und das *Ob,* Sorgen zu machen, werdet
Ihr euch wahrscheinlich schlechter fühlen und
genau das, wollen wir verhindern.

Stellt euch alles so vor wie es für euch am
schönsten ist. Ohne das euer Verstand euch
reinreiten kann, um euch negative Gedanken
und Gefühle dazu zumischen.

Das selbe auch beim „*Warum*". Beschreibt das
warum so, das Ihr nur reine positive Gefühle
empfindet. Das man die Gefühle in schönen

Emotionen in eurem Gesicht und im glänzen
eurer Augen wenn Ihr darüber sprecht
erkennen kann.

Macht nun am besten eine kleine Lesepause.
Und lasst es etwas wirken. Lest euch vielleicht
noch einmal kleine Abschnitte durch. Macht
einen Spaziergang oder legt euch auf die
Couch und denkt an die schönen Sachen.
Denkt an das Leben das Ihr führen wollt, stellt
es euch mit geschlossenen Augen vor und
träumt es buchstäblich. Hört dazu vielleicht
gute Musik, die euch glücklich macht, sie sollte
euch aber nicht zu sehr ablenken vom
träumen oder meditiert einfach. Stellt euch
euer neues Ich vor, mit all diesen
Eigenschaften die Ihr euch wünscht und wie
Ihr als dieses Ich alltägliche Situationen völlig
neu erlebt. Sei es beim einkaufen, beim
kochen, im Traumjob oder im Urlaub bzw.
beim Abend mit Freunden. Es ist ganz egal,

was Ihr euch vorstellt, solange es sich schön anfühlt und euch glücklich macht.

Was du nicht wünscht, was man dir wünscht...

...das wünsche keinem anderen. Denn das was du anderen gibst, sei es als materielles Geben oder als Wünschen, wird zu dir zurückkommen. Jedoch verweigerst du auch dir selbst alles, was du anderen verweigerst.

In der Bibel bspw. steht dazu im Neuen Testament ein Zitat Jesu:

> *"Wer mit dem Schwert lebt, wird durch das Schwert umkommen!" (Matthäus 26,52)*

> *„Richtet nicht, dann werdet auch ihr nicht gerichtet werden. Verurteilt nicht, dann werdet auch ihr nicht verurteilt werden. Erlasst einander die Schuld, dann wird auch euch die Schuld erlassen werden. (Lukas 6,37)*

> *"Und er sprach zu ihnen: Seht zu, was ihr hört! Mit welchem Maß ihr messt, wird man euch wieder messen, und man wird euch noch dazugeben."(Markus 4,24)*

Das bedeutet soviel, dass das was ihr einem anderen tut, auch euch selber tut. Wenn Ihr einen Makel im anderen seht, öffnet eure Augen und schaut nach innen.
Denn das was wir in anderen sehen ist ein Spiegelbild dessen, was wir tun, denken oder sagen.

Darum bekümmert euch jedoch auch nicht um jede Kritik, die man euch äußert, es ist oftmals etwas, was jemand anderes in euch sieht, weil er es selbst sagt, ist, tut oder denkt.

Denn eine Meinung oder ein Urteil über etwas von jemand anderem, ist immer rein subjektiv.

Wenn jemand über euch richtet oder euch verurteilt, dass Ihr zu sehr dieses oder jenes seid, seid euch gewiss, dass auch dieser nach seinem eigenen oder teils größerem Maßstab gerichtet wird, als er es selbst tut.

Was euch jedoch nicht von abhalten sollte, auch selbst nach innen zu schauen, ob sich ein derartigen Muster auch in euch befindet, welches Grundlage für diese Kritik darstellte. Dieses muss nicht gegeben sein aber es kann. Gebt aber hauptsächlich nicht soviel auf die Urteile anderer, denn diese spiegeln diese wieder nicht euch. Die Gefahr das ihr in eine

recht ungesunde Gewohnheit fallt, euch nur
noch nach den Meinungen anderer zu richten
und danach zu leben ist recht hoch.

<u>Um voriges noch einmal zu wiederholen:</u>

-Mit dem Maßstab mit dem ihr richtet, werdet
ihr gerichtet.

-Solltet Ihr etwas in jemanden anderen
entdecken, geht in euch und sucht in eurem
Inneren. Im Falle dessen, wenn es etwas,
subjektiv gesehen, negatives ist, ändert es in
euch. Entfernt zuerst euren Balken in eurem
Auge, bevor Ihr ihr den Splitter im Auge des
anderen zieht.

Genauso verhält es sich auch mit dem
Wünschen, wenn diese direkt andere
Personen mit einbeziehen.

> Das was Ihr anderen wünscht, wünscht Ihr
> auch euch.

> Was Ihr also für euch tut, tut Ihr auch für
> andere. Das was Ihr gegen andere
> unternehmt, unternehmt Ihr auch gegen
> euch.

So oder so, es kommt immer zu euch zurück.

Um ein Beispiel zum Thema Liebe zu geben:

Je mehr Liebe Ihr anderen gebt, je mehr wird man euch geben. Je mehr Liebe Ihr euch gebt, je mehr könnt Ihr mit anderen teilen. In der Tat werdet Ihr bald, wie auch Ich es tat, entdecken, dass Ihr all die Liebe, welche Ihr versucht euch zu geben, bereits in euch existiert. Die Frage ist daher nicht, ob Ihr diese habt, sondern vielmehr ob Ihr Sie in euch bereits entdeckt habt. Menschen voller Selbstzweifel eventuell auch "depressive" Menschen neigen dazu, zu denken, dass Sie immer nur anderen geben aber niemals etwas zurückbekommen.

Der Punkt hierbei ist zu allererst einmal dieser:

Sie geben oft nicht um des Geben's Willen, sondern um etwas zu bekommen.
Das macht Sie zu abhängigen.

Sie machen Sich von anderen abhängig, weil
Sie in ihnen die Quelle Ihres Wohlbefindens
vermuten, statt in sich selbst.
Ihr vorherrschendes Gefühl ist der des
Mangel, weswegen Sie die meiste Liebe die
man ihnen schenken möchte, nicht empfangen
können und teils nicht wahrnehmen, nicht
wahrnehmen können.

Erinnert euch daran, dass das Sein der erste
Schritt ist, nicht das Tun. Denn das Sein
beeinflusst, was Ihr tut und was Ihr bekommt.

Desweiteren werdet Ihr auch immer genau die
Menschen anziehen oder in eurer Umgebung
vermehrt wahrnehmen, welche und was eurem
Seins-Zustand oder Gedanken und Gefühlen
entsprechen. Macht Ihr euch Sorgen, werdet
Ihr Menschen mit Sorgen und Problemen
anziehen. Wenn Ihr helfen wollt, tut Ihr dieses
ebenso, denn Ihr könnt niemanden helfen,
wenn niemand da ist, dem geholfen werden

"müsste". Eine andere Möglichkeit wäre, dass Ihr durch die Tatsache, dass Ihr euch um etwas sorgt, mehr anzieht, worüber Ihr euch Sorgen machen könnt.

Das was Ihr aussendet, kommt zu euch zurück. Das was Ihr euch selbst gebt, in euch findet, sendet Ihr aus und bekommt mehr davon. Sei dieses nun, wieder einmal subjektiv gesehen, positiv oder negativ.

Kommt euch das bekannt vor?

Von daher tut niemanden etwas, was Ihr nicht auch euch selbst wünschen würdet.
Das hat nichts mit herkömmlichen Karma zutun, sondern ist lediglich das Prinzip von Ursache und Wirkung. Das Gesetz der Resonanz.
Alles ist und bleibt immer in einem exakten Gleichgewicht, ganz gleich, um was es geht.

Für eurer persönliches Individuelles Gleichgewicht, ist es ratsam und hilfreich das Ihr euch mit euch selbst auch im Gleichgewicht befindet. Da Ihr dreieinige Wesen seid, bestehend aus Seele, Geist und Körper. Sorgt also dafür, wenn Ihr etwas ändern möchtet, dass sich euer gesamtes Sein im Gleichgewicht befindet, zudem was Ihr möchtet.

Wenn sich ein Teil von euch unwohl fühlt und nichtmehr der Natur der Seele(Gott, reine Liebe, dem Universalbewusstsein...)

entspricht, wird sich das auf das andere auswirken. Einem glücklichen Geist, folgt ein ausgeglichener und glücklicher Körper. Ein ausgeglichener gesunder und glücklicher Körper wird stets vom glücklichen Geist gefolgt oder stellt zumindest die Weichen für diesen.

Zum Schluss dieses Kapitels noch eine Aufgabe für euch!

Notiert euch eine Woche lang jedesmal, wenn Ihr in Versuchung geratet, jemanden zu beurteilen, zu verurteilen oder zu richten, diesen Gedanken. Abends bevor Ihr schlaft oder sollte es euch *möglich* sein es gleich zu tun, tut es auch gleich wenn Ihr dieses wünscht, schaut euch selbst an und versucht herauszufinden wo sich dieser oder ein ähnlicher "Makel" in euch euch finden lässt und unternehmt dort eine Veränderung. Tut das jedes Mal.
Am Ende der Woche schaut Ihr euch das Notierte an und dann schaut, ob und wie Ihr euch verändert habt und wie Ihr euch nun fühlt. Ihr könnt dieses dann auch gerne öfters tun danach, solange bis Ihr frei seid andere zu beurteilen oder zu bewerten. Wenn dann jemand etwas tut, welches euren Werten widerspricht, verurteilt ihn nicht und bewertet

Ihn nicht mehr. Man muss nicht alles gut finden immer was jemand anderes tut oder nicht tut, aber man kann sich davon befreien, diese Person für etwas zu verurteilen. Denn diese Person spiegelt auf einer Ebene etwas wieder was Ihr selber einmal wart oder dachtet, wenn auch nicht unbedingt in der gleichen Ausdrucksform.

> *Was du nicht wünscht, was man dir wünscht, dann wünsche keinem anderen.*

> *Was du nicht willst was man dir tut, das tue keinem anderen.*

> *Mit dem Maß mit dem du misst, wirst auch du gemessen und man wird dir noch dazugeben.*

Vergebung

Na ganz ehrlich, wie leicht fällt es dir, anderen
Menschen und vor allem dir selbst zu
vergeben?

Ich habe mich bewusst für ein Kapitel, rund um
dieses Thema, entschieden, da es mir anfangs
auch nicht so leicht viel und Ich in meiner
sozialen Umgebung, auch immer wieder
merke, wie schwer es Menschen oft fällt, zu
vergeben. Es ist ein darum wichtiges Thema.

Nicht nur anderen, sondern vor allem auch
sich selbst. Vergebung ist ein wichtiger Punkt,
auf der Reise zu sich selbst, auf dem eigenen
Weg. Denn wie willst du von vergangenem
loslassen, wenn du dir und anderen nicht für
deren 'Fehler' oder deinen eigenen vergeben
kannst? All die Schuldzuweisungen, der

eventuelle Groll, die Reue, was auch immer es sein mag, wäre noch immer in dir und Ich kann dir versichern, es würde dich früher oder später immer wieder einholen.

Ein wirkliches loslassen von der Vergangenheit, ohne Vergebung, wäre klar ausgedrückt vergebens.

Eine gute Freundin sagte mir vor kurzem dazu ein Satz, dieser Satz oder viel mehr diese Frage, ist eine gute Frage.

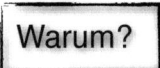

Warum?

Weil diese Frage und der eventuell dahinter stehende Glaubenssatz, genau der ist, welcher viele davon abhält, anderen zu vergeben.

Dieser Satz, diese Frage, ist die welche die
Mauer darstellt, welche zwischen dir und dem
loslassen deiner Vergangenheit und dem
Vorankommen zu innerer Freiheit steht.

"Wegen dem musste Ich soviel erleiden und
durchmachen, er hat mir so sehr wehgetan
damit, warum sollte Ich ihn jetzt auch noch
dafür belohnen, in dem Ich ihm vergebe?"

Kennt ihr diesen Satz?
Kennt Ihr diese Frage?

Ich glaube vielen oder vielleicht auch
wahrscheinlich jedem, kommt diese Frage
sehr bekannt vor.
Und genau aus diesem Grund ist genau diese
Frage, auch so wichtig.

Ja, warum solltet Ihr?
Ihr musstet doch so leiden!
Ihr hattet doch den Schaden davon getragen!
Ihr wart doch das Opfer!
Soll er sich doch entschuldigen erstmal!
Warum soll Ich ihn jetzt auch noch vergeben?!
Gehts noch?

Ihr merkt es wahrscheinlich selbst schon.
Es ist ein verfangen in der Opferrolle. Nun
muss ich euch jedoch nochmal sagen, Ihr wart
es, welcher diese Erfahrung ins eigene Leben
gerufen hat. Ihr habt diese Erfahrung im
eigenen Leben erschaffen.

Nein, ich möchte nicht und Ich bitte auch
darum das Ihr dieses jetzt nicht tut, euch
selbst Schuldzuweisungen gebt.
Jedoch tragt Ihr die Verantwortung für eure
Schöpfungen, für eure Gedanken und Gefühle.
Alles was passiert, passiert erst einmal.

Es ist einfach erstmal, was Ihr im Bezug darauf denkt oder fühlt, liegt ganz bei euch.

Es gibt keine bösen Menschen!

Und darf Ich euch noch etwas verraten?

Niemand tut etwas, weil er wirklich böse ist, jede Handlung und scheint sie auch noch so bösartig, gründet sich auf Schmerz und auf Angst. Alles augenscheinlich böse führt, wenn man die Wurzeln dessen betrachtet, auf diese beiden Faktoren zurück. Und diese führen wiederum auf ein Gefühl des Mangels an Liebe zurück. Ganz gleich, was diese Person euch 'angetan' hat. Ja darunter zählt auch Betrug in einer Beziehung, Diebstahl, Mord und Vergewaltigung. All diese Dinge, so unerfreulich sie auch sein mögen, wurzeln in einem Mangel an Liebe in der Person wieder, welcher euch etwas 'angetan' hat.

Dieser Grundstein, das Gefühl des Mangels an Liebe, kann dabei sogar schon sogar in frühester Kindheit gelegt worden sein.

Stellt euch diesen Liebes-Mangel mal vor wie einen Samen, der gepflanzt wird. Aus diesem Samen wächst nun Schmerz und Leid, die Wurzeln sind nun da und die Pflanze beginnt nun zu wachsen. Die Angst entsteht, welche weiter und weiter wächst. Manchmal hört die Pflanze, dann auch schon auf zu wachsen, jedoch wächst sie oft weiter bis schließlich eine Blüte zu wachsen beginnt. Diese mag nun zum Beispiel Hass sein oder Wut, Gier, Verzweiflung oder pure Aggression. Aus dieser Blüte folgt dann die Tat. Und somit wird ein neuer Samen woanders verstreut.

Ihr seht euer Täter, ist selbst ein Opfer. Ein Opfer einer anderen Tat, die aus einem Mangel an Liebe entstand. Oder welche zumindest dieses Gefühl des Mangels auslöste. Denn es gibt auch Taten welche aus Liebe getan werden, andere jedoch aus einem Gefühl der Nichtliebe, des Mangels als Negativ empfanden.

Was auch immer es ist, euer Täter war auch einmal ein Opfer. Einem Opfer, dem nicht geholfen wurde, der nicht die Erfahrung von bedingungsloser Liebe machte, noch bewusst fähig war, diese in sich zu entdecken.

Wenn Ihr euren Täter nun bestraft, auf welche Art auch immer, wird er noch mehr Nichtliebe erfahren und spüren. Das ist auch der Grund weshalb alle die verurteilt und bestraft werden, auf die ein oder andere Art zu Wiederholungstätern werden.

Der Täter, welcher selbst ein Opfer ist, wird
doppelt bestraft.

Darum ist die Antwort auf diese Sachen,
immer die Vergebung und die Liebe. Denn
Vergebung ist letztlich ein Akt der Liebe. Sie
befreit dich und den Täter, sowie dem Opfer im
Täter.

Aus diesem Grund ist Vergebung am anderen,
nicht nur etwas was du für den anderen tust,
sondern vor allem etwas, dass du für dich tust.

Das Vergeben des anderen wird auch dich
befreien, das Vergeben des eigenen Grolls auf
den anderen wird dich ebenso befreien.

> "Das was du für jemanden anderen tust, tust
> du auch für dich, dass was du für dich tust,
> tust du auch für alle anderen."

Letztlich ist das Täter und Opfer Schema, eine Illusion, da jeder für seine Gefühle und Gedanken selbst verantwortlich ist. Täter und Opfer ziehen sich beide gegenseitig an. Jedoch innerhalb dieser Illusion, welche in unserem Unterbewusstsein, durch Jahrelange Konditionierung verankert ist noch, ist Vergebung notwendig, wenn man den Täter/ Opfer Kreislauf durchbrechen will und auf seiner Reise, in die Innere Freiheit, voran schreiten möchte.

Vergebung ist, wie Du siehst also nicht als Belohnung zu sehen. Ihr belohnt wenn Ihr euch und dem anderen vergebt, keinen von euch beiden. Doch ist die Blüte welche aus der Wurzel der Vergebung letztlich wächst eine Belohnung, eine Belohnung die allen Betroffenen zugute kommt. Dir, dem anderen, sowie jeder, der irgendwie von eurer gemeinsamen Erfahrung erfährt. Denn Ihr gebt anderen damit ein Beispiel.

Dazu fällt mir folgendes ein:

"Wenn du die Welt verändern willst, beginne bei dir selbst."

Und das gehört zweifelsfrei dazu.
Eine Gesellschaft der Liebe, des Mitgefühls und der Freiheit, ist ohne Vergebung und mit Verurteilung, Verdammung und Bestrafung einfach nicht möglich.

Wir verdammen, verurteilen und bestrafen schon so ewig lange, ja wir erhöhen Strafen sogar, weil wir denken, unsere Strafen schrecken nicht genug ab oder sind zu schwach und trotzdem hat sich nie etwas

geändert. Wir reagieren auf so etwas, seit wir es geschichtlich zurückverfolgen können, schon immer auf ein und die selbe Weise und das ohne Erfolg. Ja, durchs Verdammen, Verurteilen und Bestrafen werden wir sogar selbst zu Tätern, denn auch diese Handlungen entspringen einem Mangel an Liebe und Mitgefühl, Angst und Wut.
Wir ermahnen ständig andere, dass sie aus Ihren 'Fehlern' lernen.

Wird es nicht Zeit, dass wir es auch tun?

Ich fasse die wichtigen Dinge noch einmal für dich zusammen:

-Der Täter und das Opfer sind eins.
-Dein Täter ist selbst ein Opfer
-Durch das Verurteilen, Verdammen und Bestrafen, machst du dich selbst zum Täter.
-Täter und Opfer ziehen sich gegenseitig an.
-Du bist für deine Interpretation von etwas selbst verantwortlich.
-Du entscheidest wie du dich fühlst oder was du denkst. Tust du es nicht bewusst, übernimmt es dein Ego für dich. Und auch dafür trägst du die Verantwortung.
-Vergebung ist vor allem etwas, dass du für dich tust.
-Das was du für dich tust, tust du auch für alle anderen. Das was du für alle anderen tust, tust du auch für dich.
-Liebe ist immer die Antwort

Nehmt euch am besten jeden Abend ein paar Minuten, vielleicht Abends im Bett und widmet Sie der Vergebung.

Vergebt am ersten Tag am besten allen, die euch jemals etwas antaten. Allen scheinbaren Tätern in eurem Leben. Vergebt alles und jedem, was euch einfällt.

Tut es von Herzen und Ihr werdet mit jedem Mal ein schönes Gefühl von innerer Befreiung haben. Vergebt euch selbst für all die Sachen die Ihr anderen angetan habt, für jede Verurteilung, jedes Urteil und sei es auch nur gedanklich. Jeder Akt der Vergebung wird euch ein Stück mehr befreien und euch auf eurem Weg voran bringen. Tut dies nun vielleicht jeden Tag oder mindestens einmal in der Woche, an Sonntagen zum Beispiel.

So startet ihr die Woche komplett frei.

Und das beste ist, Ihr seid damit auch ein Licht
für andere, ein gutes Beispiel und tragt somit
zur Verbesserung und zur Veränderung
unserer menschlichen Kultur bei.

Bin Ich wirklich Ich Selbst?

In der persönlichen und besonders in der spirituellen Entwicklung, worin Ich persönlich jedoch keine klare Grenze setze, da beides ineinander greift, kommt früher oder später die Frage: Wer Bin Ich wirklich?
Ist das, was Ich für mein Ich halte, wirklich Ich selbst? Und wenn ja, wo liegt der Unterschied? Wie finde Ich wieder zu mir selbst? Zu meinem wahren Ich?

Man findet in diesem Bereich viele Bezeichnungen. Nach Sigmund Freud gibt es das Ich, das Über-Ich und das Es. Viele teilen es immer wieder neu auf. Überall findet man andere Unterteilungen.

Zu allererst haben wir, wie bereits erwähnt Seele, Geist und Körper. Nun ist Geist ein großer Begriff, denn er beinhaltet das wahre

Selbst (das Individualbewusstsein, das reine Sein), den Verstand und das Ego.

Ein kleines Kind, bevor es konditioniert wird, ist im reinen Selbst und schult von dort aus den Verstand, es nutzt ihn, um all die Dinge aus der Umwelt für das Selbst zu interpretieren, zu übersetzen und so weiter. Der Verstand wird noch als Werkzeug, des Selbst genutzt. Ein Ego ist bis dahin noch nicht vorhanden.

Mit der Zeit und kommender Konditionierung durch Eltern, Familie, Erzieher und Lehrer und der allgemein Gesellschaft wird langsam das Ego gebildet. Es besteht im großen und ganzen aus sozialen Ängsten, Neid, Gier, Trennungskonditionierungen und Illusionen, welche allesamt von Generation zu Generation weitergegeben werden, seien diese nun wirklich gesund und nützlich oder nicht.

Woraus viele Illusionen resultieren, wie "Ich brauch dieses und jenes, um jemand wertvolles zu sein. Ich muss dies und das tun, damit Ich als vollwertiges Individuum akzeptiert werde".

Je nach Erziehung führt das zu einem egoistischem Charakter oder zu einem überzogenen selbstlosen Charakter.

Der Egoist handelt aus Angst, weniger zu haben als jemand anderes, der überzogene Selbstlose vernachlässigt sich aus teilweise unbewusster Angst als Egoist gesehen zu werden, wenn man an sich denkt. Das Ego selbst tarnt dieses dann unter dem Namen 'Nächstenliebe', da Nächstenliebe ein schöner Charakterzug ist, da dieser jedoch in diesem Fall eine Angst überdeckt. Näher betrachtet hat dieses nicht mehr viel mit Nächstenliebe zu tun, sondern mehr als Kompensation der

Angst nicht akzeptiert oder nicht geliebt zu werden, wenn man anders handelt.

Nach und nach vergisst das Kind, wie es ist, wirklich sich Selbst zu sein.

Das Ego übernimmt die Rolle des Ich und wird täglich gespeist von oftmals großen Zweifeln und strenger Kritik, welche das Ich auch weitergibt an das Selbst, um das eigene Überleben zu sichern.
Sicher kennt jeder von euch diese inneren Gespräche, welche von uns geführt werden.
Das "Du kannst dies nicht oder das nicht, du brauchst das und das um glücklich zu sein".
Sicher kann uns das Ego auch motivieren. Es ist also nicht ausschließlich mit "negativen" Einflüssen gefüllt. Jedoch hindert das Ego uns daran unsere Umwelt und besonders uns wirklich wahrzunehmen und zu erkennen.
Denn würden wir das tun, würde es überflüssig werden. Es kämpft daher um das eigene

Überleben und benutzt auch oft unseren
Verstand als Waffe gegen uns, was dazu führt,
dass wir vieles für unmöglich halten, selbst
wenn Dinge für das wahre Selbst total
natürlich sind. Das meiste nehmen wir
aufgrund dessen gar nicht bewusst wahr, es
entzieht sich unserer Aufmerksamkeit, lässt
uns blind werden vor dem, *was* ist. Wir
nehmen unsere Umwelt und uns nur noch sehr
eingeschränkt wahr, welches uns als
Menschen schon deutlich erkennbar in unserer
Kulturgeschichte vom inneren und äußeren
Fortschritt abhielt.

("Die Welt ist eine Scheibe.", "Alles dreht
sich nur um die Erde.")

Auch in den letzten 100 Jahren, was beispielsweise alternative Energien, wie Raumenergie angeht, welche fossile Brennstoffe, Kohlekraftwerke, Atomenergie etc. überflüssig macht. Unser Ego und unsere Gier nach Geld, hält unsere Evolution wie schon so oft auf oder verlangsamt diese, welches leider in Beziehung zur Energie katastrophale Folgen für unsere Erde und sämtliche Lebewesen, einschließlich uns Menschen, hat.

Das Ego bindet, so wie wir von unseren Eltern und anderen konditioniert wurden, Bedingungen an die Liebe, welches dann zu gestörten Beziehungen führt, gefüllt mit unzähligen Machtspielchen zwischen Mann und Frau.

Dieses ließ uns sogar zu der Illusion kommen, das Selbst Gott, die Quelle allem, uns nur

unter bestimmten Umständen liebt und uns
bestraft oder belohnt, je nachdem ob ihm
gefällt, was wir hier fabrizieren oder nicht.
Der Mensch drehte das "Gott erschuf den
Menschen nach seinem Ebenbilde" um und
kam zu dem Schluss das Gott so denkt,
Werturteile macht und verurteilt, wie wir es tun.
Abgesehen davon das Gott nicht den
Menschen selbst nach seinem Ebenbilde
erschuf (denn Gott hat keine "*Die eine
Gestalt")*, sondern das Bewusstsein.
Das reine Bewusstsein, frei von Rasse und
Geschlecht, welche man auch als Teilseele
bezeichnen kann.

Was das angeht, gibt es viele verschiede
Interpretationen, welche sich teils total
verschieden anhören, im Grunde aber genau
das selbe beschreiben.

Nehme meine Umschreibung also nicht als die
einzig wahre an, denn es gibt viele die

genauso richtig sind, es nur anders umschreiben und verpacken. Sollte sich meine Umschreibung jedoch innerlich für dich richtig anfühlen, darfst du sie gerne verwenden und übernehmen.

All dieses führt dazu, dass wir mit fortschreitendem Alter, in der Kindheit beginnen vergessen *Wer* wir wirklich sind. Dieses führt wiederum zu Aussagen, wie folgende : "Man soll mich lieben wie Ich bin", ohne jedoch zu wissen *Wer* Sie wirklich sind. Man identifiziert sich nun nur noch über das Ego und hat das wahre Selbst praktisch vergessen.

Deine erste Erkenntnis hier raus ist also diese zu erkennen, dass du nicht dein Ego bist, noch bist du dein Verstand. Das Ego ist ein künstlich, durch Konditionierungen, geschaffenes "Ich" und der Verstand ein Werkzeug.

Du bist auch nicht dein Körper.
Dein äußeres rein körperliches Bild, hat also
recht wenig mit der Person zu tun, welche du
bist.

Wie komme Ich also nun vom Ego-Ich zum
wirklichen Ich, dem reinen Bewusstsein,
zurück?

Schaue also als erstes einmal in dich hinein
und werde dir bewusst das du nicht dein Ego
bist und werde dir deiner eigenen fremd
Konditionierungen bewusst.

Versuche dein Ego also einmal als etwas zu
beobachten, *was* du hast und nicht mehr als
Wer du bist. Es ist gut möglich das dieses am
Anfang alles andere als einfach sein kann, das
kommt ganz auf dich an. Manchen fällt dieses
leichter, manchen etwas schwerer.

Egal wie es sich verhält, lass dich entmutigen, da dein Ego höchstwahrscheinlich um seinen Status kämpfen wird, wahrscheinlich sogar während du dies liest. Auch Ich hatte teils immer mal Schwierigkeiten, von daher setze dich nicht unter Druck und gehe es langsam an und nehme dir die Zeit, die du brauchst, jedoch ohne es aufzuschieben.

Denn der Wunsch es aufzuschieben, wird zweifellos ein Wunsch deines Egos sein.

Mache hier erstmal am besten eine kleine Atempause, du hast Sie dir verdient.

Mache dir vielleicht einen Tee, lass den TV und das Radio dabei ausgeschaltet. Genieße einfach den Tee. Danach bleibe einfach einmal ruhig sitzen, schließe deine Augen und lass das eben gelesene nochmal Revue passieren.

So, Ich hoffe du sitzt immer noch angenehm, ansonsten nehme wieder eine angenehme Sitzposition ein, am besten eine gemütliche Meditierposition.

Schließe dann wieder deine Augen und atme regelmäßig tief ein und aus. Zähle jedes Ein und Ausatmen, wie bei jedem Meditieren ist es völlig unrelevant, ob du dich mal verzählst oder nicht. So nun schaue wieder in dich hinein und beobachte, was in dir passiert. Es werden dir vielleicht verschiedene Gedanken kommen, welcher Art auch immer, beobachte Sie.
Mache dir dabei bewusst, dass du nicht deine Gedanken bist, du bist der welcher diese Gedanken beobachtet, du hast Sie lediglich. Beobachte und versuche sie einzuordnen. Ganz gleich ob sie sich auf das gelesene beziehen auf einen Punkt in der Vergangenheit oder in der Zukunft.

Stelle es dir das vielleicht so vor, als würdest
du auf einer weiten grünen Wiese liegen und
die vorbeiziehenden Wolken betrachten. Diese
Wolken sind deine Gedanken.

Stelle dir die Frage:
Von wo kommen diese Gedanken?

Tue das selbe auch mit Gefühlen:

Woher kommen diese Gefühle?

Sind es Gefühle des Zweifels, der Angst, der
Kritik? (Ego)

Oder Gefühle des Wohlfühlens, der inneren
tiefsten Liebe, eine wohlige warme Euphorie?
(dein Selbst, die Seele)

Als Beobachter bist du nun in einem Zustand
der Zeitlosigkeit. Du bist in diesem Moment

wirklich im Selbst, im hier und jetzt. Du bist
jetzt wirklich *präsent.*

Öffne deine Augen

Das letzte Kapitel wurde mit dem Bewusstsein des *Jetzt* abgeschlossen, wirklich im Hier und Jetzt sein, dem Moment.

Ist dir schon einmal aufgefallen, dass wir oft mehr Zeit damit verbringen, uns Sorgen zu machen über das was vielleicht noch kommt oder darüber nachdenken, was alles war?

Ständig schauen wir nach hinten oder nach vorne. In dem Buch von Catharina Roland zum Film Awake, fand Ich dazu eine gute Metapher. Ich werde diese hier noch etwas erweitern.

Stell dir vor, du fährst Auto.
Du weißt natürlich, das du achtsam sein musst und auf den momentanen Verkehr achten musst. Also im Moment sein.
Was passiert, wenn du nun ständig darüber nachdenkst, dich wohlmöglich zu verspäten? Sei es zur Arbeit oder beispielsweise einem anderen wichtigen Termin. Du fokussierst dich dann auf einen Punkt in der Zukunft und machst dir Sorgen.

Deine Konzentrationsfähigkeit sinkt nun, aufgrund dessen das du deine Konzentration auf eine mögliche Zukunft lenkst, die dir nicht passt, wirst du diese nicht nur sehr wahrscheinlich auch anziehen, da du genau diese Energien aussendest, wie ein Radio das auf eine Frequenz gestellt wird und dann den Sender wiedergibt, welcher dieser Frequenz entspricht. Nein, du vernachlässigst auch den Verkehr und fährst evtl. schneller. Was zu Unfällen kommen kann.

Da du nun dem Moment nicht mehr die volle Aufmerksamkeit schenkst, entgehen dir viele Dinge. Selbst, wenn du voller Vorfreude auf eine Feier bist und planst und es dir vorstellst wie es alles wird. Deine Gedanken sind überall, aber du bist nicht im Moment, wodurch dir viele wichtige und vielleicht aber auch schöne Dinge entgehen, welche gerade jetzt passieren.

Nun stelle dir vor, dass du während du fährst, das du die ganze Zeit immer nur in den Rückspiegel siehst, vielleicht weil du mal einen Unfall hattest, weil dir jemand von hinten ins Auto fuhr. Deine Konzentrationsfokus geht also auf das, was sich in deinem Rückspiegel befindet, du befindest dich innerlich in der Vergangenheit. Die Angst wieder einen Unfall zu haben, ist groß. Die Wahrscheinlichkeit jetzt wieder einen zubauen, ist dadurch jetzt noch größer. Ja, sogar so groß, dass du wohl mit ziemlicher Sicherheit selbst derjenige sein wirst, welcher einem anderen hinten auf fährt und einen Unfall aktiv verursachst.

Und somit erschaffst du dir eine ähnliche Erfahrung, aufgrund einer in der Vergangenheit liegender Erfahrung, neu. Wenn du also immer nur nach hinten guckst, was einmal in deinem Leben passierte, wirst du diese Erfahrung ins Jetzt holen.

Dein Unterbewusstsein unterscheidet nicht zwischen Vergangenheit, Gegenwart und Zukunft. Es gibt nur das Jetzt, diesen Moment. Du wirst in deinem Kopf die vergangen Szenarien also erleben, als würden Sie jetzt passieren mit all den Gefühlen, welche du bereits beim ersten Durchleben hattest, was dazu führen wird, dass du genau so eine oder ähnliche Erfahrung wieder erschaffen wirst, es ist dabei völlig irrelevant, ob diese vergangene Erfahrung nun 1 Woche oder 40 Jahre her ist.

Das selbe Prinzip trifft auch zu, wenn du
Gedanken und Gefühle gegenüber
Zukunftsmöglichkeiten entwirfst.

Solltest du Kinder haben, beachte dieses
dabei, wenn du mit ihnen sprichst oder wieder
einmal belehren möchtest. Das, was du
deinem Kind heute sagst, hat positive oder
auch starke Wirkungen, wenn dein Kind im
Erwachsenen oder Rentenalter ist.

Wie erwähnt, gibt es nur den Moment, das
Jetzt.

Wann warst du zuletzt in deiner Freizeit
wirklich im Moment? Ohne dir Gedanken zu
machen über irgendetwas?
Ohne Gedanken was du eventuell als
nächstes tust oder was grade irgendwo
vorgefallen ist, du grade gelesen oder gehört
hast?

Unsere Köpfe sind meist voll mit Gedanken über dieses und jenes, oft sind wir dann, auch dadurch, gestresst und unausgeglichen.

Wie wäre es also jetzt einmal eine kleine Lesepause einzulegen und einfach mal spazieren zu gehen. Tu es einfach und ignoriere, falls es so sein sollte, sämtliche Gegenbeispiele, es nicht zu tun, welche dir dein Ego jetzt vielleicht vor die Füße werfen mag. Gehe einfach eine Runde und versuche einfach im Jetzt zu sein. Sieh dir die Bäume an, die Planzen, die Wolken, die Menschen an denen du vorbeigehst. Versuche nichts zu beurteilen oder zu vergleichen. Nehme einfach nur wahr, atme ruhig und genieße einfach den Moment.

...

Na los worauf wartest du?

Na hat es geklappt?

Mach dir keine Gedanken, falls du doch nochmal der Versuchung erlegen warst und ab und zu über diverse Dinge nachdachtest.

Mache solche Spaziergänge gerne öfter. Ich hoffe jedoch, dass einige schöne Momente im Hier und Jetzt erleben konntest und die Schönheit in deiner Umgebung fandest, welche dir sonst vielleicht nie auffiel. Tue diese Spaziergänge gerne jeden Tag und versuche auch immer öfter im gesamten Alltag im Gewahrsein des Jetzt zu verbringen. Du wirst merken, wie du vitaler und stressfreier du deine Tage erleben wirst und das nur in dem du deine Augen öffnest. Innerlich und Körperlich.

Diese innerliche Stille, wird dich zu mehr inneren Frieden bringen und gleichzeitig aus dir einen glücklicheren und innerlich stärkeren

Menschen machen, weil er wieder lernt die Schönheit zu sehen, welche zwar immer da war, aber er trotzdem nie sah.

Du hast nun einen guten Schritt nach vorne gemacht, indem du nun deine Augen für mehr geöffnet hast und einmal mehr einen Teil in dir erweckt hast, welcher wohlmöglich sehr lange Schlafwandelte.

"Wenn du Rosen säest und dabei Unkraut verlierst, wirst du letztlich mehr Unkraut haben. Aber selbst dann mach dir keine Gedanken um das Unkraut, denn sonst wird dir die vollkommene Schönheit der Rosen entgehen."

Gottes Geschenk

So sind wir nun im letzten Kapitel dieses
Buches angelangt, vielleicht hast du deine
Reise grade erst begonnen oder bist schon
eine Weile unterwegs. Solltest du grade erst
angefangen haben, deine Reise anzutreten,
vielleicht sogar mit diesem Buch, kann Ich dir
sagen, es hat gerade erst angefangen.

Bis zu diesem Punkt hier, hast du vielleicht
schon viele neue Erfahrungen gemacht.
Auch Ich tat dies und werde im Laufe meiner
Reise, denn diese Reise wird niemals zu Ende
sein, noch viele Erfahrungen machen.

"Wie die Reise ist nie zu Ende?"

Ja du hast richtig gelesen, diese Reise ist eine Reise, die niemals zu Ende gehen wird. Und glaub mir, du würdest es auch gar nicht wollen.

An dieser Stelle möchte Ich dich einfach mal bitten, auf deine bisherige Reise zurückzublicken. Mit welchen Erwartungen und Wünschen du an bestimmten Themen herangegangen bist, die kleinen Stolpersteine zwischendurch, die Erfolge die du machtest und die Wünsche die sich erfüllten sowie all die neuen Erfahrungen.

Und nun schau wie du dich entwickelt hast bis jetzt. Vielleicht geht es dir ja genau wie mir und vielen anderen und du trägst plötzlich ein kleines dankbares und glückliches Lächeln auf dem Gesicht.

Erinnerst du dich noch an deine Anfänge, als du zum ersten Mal vom Gesetz der Anziehung gehört hast? Die Möglichkeit alles bekommen zu können was auch immer du willst, schien großartig oder? Allein in Anbetracht dessen was du früher vielleicht immer alles haben wolltest.

Vielleicht bist du auch noch dabei, dein Vertrauen und Glauben aufzubauen und deine Erfolge kommen erst langsam so nach und nach.

Vielleicht bist du auch schon sehr gefestigt und deine Wünsche erfüllen sich mittlerweile ganz rasch und zu deiner vollen Zufriedenheit.

Vielleicht hast du aber auch genau folgende Erfahrung schon gemacht. Eine sehr Interessante wohlgemerkt, welcher wahrscheinlich auch viele mit Materiellem Reichtum zu genüge kennen.

Man merkt das, da man nun alles haben kann, all das was man sich einst wünschte, gar nicht braucht. Und vor allem nicht zum glücklich sein. Für mich war, als Ich diese Erfahrung machte sehr faszinierend.

Ich war sehr begeistert und bestellte mir dieses und jenes. Ob es nun ein Fahrrad war oder sogar mal einen gewünschten Wetterwechsel den Ich sehr brauchte um eine Vorraussetzung zu schaffen, um für jemanden besser da sein zu können und eine Ausrede brauchte um nicht zu einem Festival in der Nähe zu gehen. Ich habe diese, ja Macht sehr genossen. Leider erlag ich dabei auch mal der Versuchung meines Ego's diese Macht für persönliche Zwecke zu missbrauchen. Ich tat dies aus Liebe, aber trotzdem war es ein Missbrauch, deren Konsequenzen Ich dann auch zurückbekam. Es war trotzdem eine Lehrreiche Erfahrung in der Ich lernte, dass

alles auch eine gewisse Verantwortung mit
sich bringt und Ich lernte mit meinem kleinen
Satan, meinem Ego also, umzugehen, wenn er
sich meldet. Liebe war die Antwort. Ich hörte
auf, mein Ego, meinen inneren Satan zu
bekämpfen und gab ihm stattdessen Liebe und
Mitgefühl. Wer gut in diesem kleinen Buch
aufgepasst hat, wird auch sofort wissen,
warum Ich das tat.

Meine Wünsche wurden jedoch auch weniger.
Ich wünschte viel mehr für andere, als für mich
selbst. Ich entdeckte, dass all die Sachen nur
dazu dienten mir ein Gefühl von etwas zu
geben. Glücksgefühle, unbewusste erhoffte
Wertschätzung anderer und so weiter. Ich
entdeckte, dass Ich nun all das in mir
gefunden habe.

All die Liebe, die Wertschätzung, das Glück
und das Mitgefühl, all diese Sachen entdeckte
Ich in mir.

Es war ein großer Schatz der sich mir dadurch in meiner Erfahrung offenbarte. Mitgefühl, Glück und Wertschätzung waren alles ein Teil eines größeren und das war die Liebe selbst. All diese Dinge brauchte ich nicht mehr in äußeren Dingen zu suchen, da Ich erkannt habe, dass sie das sind, was ich im Herzen bin.

Und das gilt für auch für dich sowie jedem anderen. Liebe ist das was wir im Herzen wirklich sind.

Es ist schön manche Dinge zu haben, welche einen den Tag vereinfachen oder einem Aufgaben erleichtern. Aber man entdeckt das man sie nicht länger braucht um glücklich zu sein.

Ich glaube und hoffe jeder macht diese Erfahrung auf der eigenen Reise und vielleicht

hast du sie auch schon gemacht, bist gerade
dabei oder kurz davor.

Diese Erfahrung ist ein großartiges Geschenk
Gottes und Ich bin sehr dankbar dafür sowie
für jeden der diese Erfahrung machte, macht
und machen wird. Das ist die Bedeutung hinter
dem Titel meines Buches.

Ich brauche nicht, weil Ich bin.

Nachwort

Ich hoffe dir hat dieses Buch gefallen.
Dies ist die überarbeitete 2 Auflage dieses
Buches mit kleinen Änderungen und optischen
Verbesserungen. Zur Zeit arbeite Ich bereits
an meinem zweiten und dritten Buch.
Nähere Informationen und Neuigkeiten findest
Du auch auf meiner Website:

http://www.denniskluge.de.vu

Dort befinden sich auch die Links zu der
Facebook Seite von mir und diesem Buch.

Jetzt noch etwas anderes.
Es ist nicht unschwer zu erkennen, in welchem
Chaos sich diese Welt und unsere
Gesellschaft befindet. Ich bitte euch daher,
bewusst und aktiv an Veränderungen
mitzuwirken und euch zu Informieren.

Was könnt ihr tun, um diese Welt zu
verändern?

Es gibt unzählige Wege, doch der erste findet
auch immer in euch selbst!

Seid die Veränderung, welche Ihr in der Welt
sehen wollt.

Gründet eine Bewegung zur Verbesserung
unserer Gesellschaft und Wirtschaft.

Startet Stadtprojekte oder Jugendprojekte zu diesen Themen. Ein mögliches wäre zum Beispiel "Die essbare Stadt". Könnt ihr ganz einfach googlen. Informiert euch über Projekte wie das Venus Projekt oder die Zeitgeist Bewegung.
Informationen und Links findet Ihr auf meiner Website!

Helft mit und gestaltet eine neue Gesellschaft beruhend auf Nachhaltigkeit, Naturschutz, Ressourcenorientierter Wirtschaft zum Wohle allen Lebens und Nächstenliebe.

Für wen tut ihr das?

Für euch, eure Kinder und deren Kinder.
Sowie allen folgenden Generationen, denn sie sollen in einer Welt leben können in der es Lebenswert ist.

Es ist Zeit, dass wir uns weiterentwickeln!
Sei ein Teil von!

Vielen Lieben Dank!

Dennis Henry Kluge